PRAGUE

Les Editions Pascale Loiseau

Le Château de Prague

Le Château et l'Histoire
La cathédrale Saint-Guy
Saint-Georges
Le palais Royal
La Ruelle d'Or
Cours et jardins royaux

← *Entrée principale du Château de Prague*

Le Château de Prague

Le Château et l'Histoire

La ville de Prague, principal objet des visions extatiques de Libuse, naquit du songe de cette légendaire princesse. Il y a très longtemps, une tribu slave s'installait sur les berges de la Vltava…

Sur le promontoire rocheux de Vysehrad, un fortin abrite la tribu de Cech. A la tête de la petite communauté règne Libuse, une femme dotée de pouvoirs magiques, qui prendra deux sages décisions : trouver un mari et bâtir une ville au « seuil » (praha) de laquelle tous les princes du monde devront s'incliner. Après avoir épousé Premysl, Libuse, dans un élan prophétique, désigne une boucle lointaine de la rivière ; là s'élèvera une ville à nulle autre pareille, fondation de l'empire et de la destinée du peuple tchèque. Sur les lieux des premières fortifications bâties par les Premyslides, le prince Borivoj Ier décide vers 870 de bâtir le château de Prague. La notion d'Etat s'affirme et se consolide avec le prince Venceslas, qui sera élevé au rang de saint patron de la ville. Tombée sous la coupe du Saint Empire romain germanique en 962, la Bohême recouvre sa souveraineté au XIIIe siècle. L'assassinat du dernier des Premyslides en 1306 ouvre la voie du pouvoir à la famille des Luxembourg, à l'occasion du mariage de Jean avec la princesse Eliska Premyslid. Leur fils Charles IV, élu empereur du Saint-Empire, s'attachera à faire de Prague l'une des plus grandes capitales européennes.

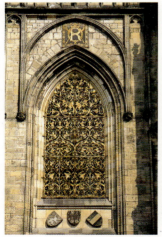

Vitrail d'Alphons Mucha : Les saints Cyrille et Méthode

Au XVe siècle, le recteur Jan Hus, grande figure de la Réforme, préside à l'émergence d'une identité protestante tchèque. En 1526, avec l'Autrichien Ferdinand 1er, la très catholique maison de Habsbourg prend le pouvoir. Leur règne de 400 ans sera marqué au XVIe siècle par l'empereur Rodolphe II, protecteur des arts, apportant à Prague la culture de la Renaissance. A sa mort, des conflits éclatent entre les protestants et la famille autrichienne. Avec la défaite des Tchèques réformateurs, et sous la domination des Jésuites, Prague devient baroque. Le temps passe et le pouvoir des Habsbourg s'affaiblit. Le XIXe siècle sonne l'heure du « réveil national » : en 1918, la république est proclamée, jusqu'en 1939 où la Bohême tombe sous la coupe des nazis.

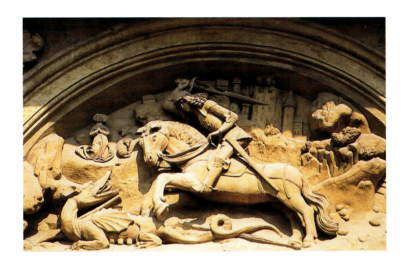

↑ *Portail sud de la basilique Saint-Georges.*
↖ *La Vieille Ville.*
Place Mala Strana↓

Libérée par l'Armée Rouge en 1945, Prague fête ses frères de l'Est et le parti communiste triomphe aux élections de 1948. Mais les intellectuels perçoivent bientôt les limites imposées à leur liberté d'expression. Ils entrent en dissidence… et sont une première fois entendus quand, en 1968, lors du « Printemps de Prague », Alexandre Dubcek propose au pays un « socialisme à visage humain ».

Le 21 août, les chars russes envahissent le pays et le rideau de fer tombe brutalement sur Prague. Vingt ans plus tard, les manifestations qui se succèdent aboutissent à la « Révolution de velours », portant l'ex-dissident Vaclav Havel à la tête du pays. Depuis, la Tchécoslovaquie s'est scindée en deux républiques indépendantes et Prague est plus que jamais la capitale des Tchèques.

↑ *La tour Daliborka.*
La Vltava ↓

↑ *Uniforme de la garde présidentielle.*
Portail de l'ancien
palais du Burgrave →

Aujourd'hui siège de la présidence de la République tchèque, le Château de Prague a toujours été, à de rares exceptions près, le centre du pouvoir praguois. Si l'on pénètre dans la forteresse par les « vieilles marches », on aperçoit, sur la droite, la funeste tour Daliborka, qui servit de prison jusqu'en 1781. De l'autre côté du château, la première cour, qui sert de cour d'honneur, constitue un ensemble plus récent. Au fond, la porte Mathias donne accès à la seconde cour, où l'on découvre un ensemble architectural marqué de la griffe des architectes du XVIIIe siècle. La troisième cour possède, quant à elle, de nombreux vestiges datant des Xe et XIe siècles.

La cathédrale Saint-Guy

Dans l'enceinte du Château de Prague et dans le cœur des habitants de la Bohême, la cathédrale Saint-Guy, à l'origine simple rotonde romane fondée au Xe siècle, fête ses mille ans d'existence.

← *La Porte d'or et son clocher Renaissance coiffé d'un bulbe baroque*

↑ *Le cœur de la cathédrale Saint-Guy.*
La chapelle Saint-Venceslas ↗

Au début du Xe siècle, le bon roi Venceslas, ardent défenseur d'un christianisme engagé, déplaît fortement à la noblesse tchèque. Un matin de 929, Venceslas est sauvagement agressé par les sbires de son propre frère, le prince Boleslav. Lardé de coups d'épée, le pauvre roi trouve refuge dans la rotonde Saint-Guy, où il meurt debout, appuyé sur l'anneau de la porte.

Canonisé, Venceslas est enterré dans la rotonde Saint-Guy et devient saint patron de la Bohême. A l'emplacement de l'humble construction romane qui le vit périr, une basilique rendra bientôt hommage aux vertus du saint homme. Sous le règne de Charles IV, Prague passe du statut d'évêché à celui d'archevêché, inaugurant par la même occasion le chantier de la cathédrale Saint-Guy, qui s'achèvera en… 1929. Charles IV fait appel au maître français de l'art gothique, Matthieu d'Arras, et à son élève souabe Petr Parler. Ce dernier signera le chœur gothique, dont les colonnes aériennes s'élancent vers les hauteurs de la voûte en étoile. On lui doit aussi les fines arcatures du porche de la Porte d'Or, ainsi que le gros œuvre de la chapelle Saint-Venceslas.

Mausolée royal ↑
← *La crypte*

Sur les murs de la chapelle Saint-Venceslas, reliquaire vénéré du roi sanctifié, des fresques incrustées de pierres semi-précieuses racontent les grands événements de la vie du saint. Une porte à sept serrures défend l'accès à la salle du trésor royal. Quant à l'anneau que l'on peut voir sur la porte de la chapelle, il s'agirait, dit-on, de celui sur lequel saint Venceslas se serait appuyé au moment de sa mort… A quelques pas de là, plusieurs rois et leurs épouses dorment dans le caveau royal qui occupe la crypte de la chapelle Sainte-Croix. Les plus prestigieux monarques y ont été inhumés : Charles IV, Venceslas IV, Georges de Podebrady et Rodolphe II.

↑↓ *Le tombeau de Saint-Jean Népomucène*

De retour dans l'immense nef de la cathédrale, on se dirigera vers le très luxueux reliquaire de saint Jean-Népomucène, un incroyable tombeau baroque du XVIIe siècle dont la réalisation a nécessité plus de deux tonnes d'argent massif. En ponctuation moderne, un vitrail d'Alphons Mucha, maître de l'Art Nouveau, éclaire l'une des chapelles latérales d'une lumière divine…

Façade et tours de la basilique Saint-Georges

Saint-Georges

Sans les comparer avec la cathédrale Saint-Guy, Saint-Georges et son antique et majestueuse basilique évoquent pourtant, à l'intérieur du Château, les temps médiévaux de la cité de Bohême.

↑ *La nef de la basilique* ↗

Fondée par Vratislav au Xe siècle, puis reconstruite au XIIe siècle après un incendie, la basilique Saint-Georges, attenante au couvent du même nom, est l'un des plus beaux fleurons de l'art médiéval tchèque. Elle sera enrichie plus tard d'éléments baroques, notamment avec sa façade du XVIIe siècle, dont la couleur pourpre contraste fortement avec le dépouillement intérieur propre à l'art roman.

Cet édifice, l'un des plus anciens de Bohême, accueille les tombeaux des premiers Premyslides, témoins muets des drames qui ont marqué leur dynastie. A l'aube du Xe siècle, la princesse Ludmila, veuve du prince Borivoj et grand-mère de saint Venceslas, s'agenouille pour prier Dieu. Sa féroce belle-sœur, Drahomira, profite de son extase pour la faire étrangler… Chez les Premyslides, afin d'accéder au pouvoir, tous les moyens sont bons ! Ainsi, en 921, Ludmilla devient-elle la première martyre chrétienne de Bohême. Elle sera vite sanctifiée et repose en paix dans la basilique Saint-Georges qui abrite aussi les sépultures de Vratislav et de Boleslav II.

← ↑ *Façade et détails du couvent Saint-Georges*

De son vivant, le prince Boleslav II sera, avec sa sœur Mlada, le fondateur éclairé du couvent Saint-Georges, voisin de la basilique. Le noble édifice est le premier monastère en Bohême à suivre la règle bénédictine. Mlada devient la première abbesse du couvent, un titre très convoité, par la suite, pour le privilège qu'il donne de couronner les reines de Bohême. Au XVIIIe siècle, Joseph II de Habsbourg supprime la vocation religieuse du couvent et le transforme en caserne militaire. Dans les années 1970, l'édifice retrouve une fonction moins martiale, en accueillant les très riches collections d'art gothique, baroque ou Renaissance de la Galerie nationale.

↓ *Statue de saint Georges*

Dans ce musée, on admirera un superbe retable attribué au maître de Trebon, la *Madone de Roudnice*, une Vierge couronnée d'or, toute de grâce et d'émotion. Avec le superbe *Suicide de Lucrèce* de Von Aachen, on retrouve le baroque original… Bien d'autres toiles des XVIIe et XVIIIe siècles achèvent de ravir le visiteur, tel l'étonnant portrait du miniaturiste Jan Kupeck.

L'escalier des Cavalliers

Le palais Royal

Hanté par les ombres des dynasties qui furent à la tête de la Bohême avec les Premyslides, les Luxembourg, les Jagellon et les Habsbourg, le palais Royal fut le témoin privilégié de quatre siècles d'histoire.

Au début du XIIe siècle, Sobeslav Ier décide de construire, dans l'enceinte du Château de Prague, un palais digne de son rang éminemment royal. Les princes de Bohême y séjourneront jusqu'au grand incendie de 1541. Pendant 400 ans, chacun des hôtes du palais apporte sa touche à l'édifice, mêlant ainsi étroitement les styles roman et gothique au gré des diverses modifications.

↑ *La salle Vadislav.*
Les Nouveaux
Registres provinciaux ↓

↑ *Les sgrafittes du palais Lobkowicz.*
La chapelle de Tous-Les-Saints →

A l'étage supérieur, construit pour Vladislav II Jagellon à la fin du XIVe siècle, l'extraordinaire salle Vladislav est à elle seule un monument inégalé du gothique flamboyant. Sa taille impressionnante permettait d'y organiser des joutes à cheval. Et pour l'atteindre sans avoir à descendre de leurs montures, les chevaliers empruntaient un escalier, taillé spécialement pour permettre aux chevaux d'y accéder, le célèbre Escalier des cavaliers. Moins prestigieux mais tout aussi beau, le palais Lobkowicz, entre sgraffites Renaissance et fresques baroques, rassemble, à proximité du palais Royal, un concentré de l'histoire tchèque dans une section du Musée national.

Choisir de quel côté elle sera férrée.

La Ruelle d'Or

Pour les amateurs de magie, d'alchimie et de sciences occultes, la visite de la fameuse Ruelle d'Or s'impose naturellement, tant ce lieu étonnant a contribué à la réputation parfois sulfureuse de Prague.

En fait, la Ruelle d'Or tient son nom de croyances populaires qui ont traversé les années, sans qu'il soit vraiment possible de démêler le vrai du faux. A la fin du XVIe siècle, tout Prague croit fermement que la rue abrite les alchimistes de l'empereur Rodolphe II. On chuchote qu'ici, le plomb se transformerait en or et que la pierre philosophale aurait livré tous ses secrets…

↑ *La Ruelle d'Or accueillit Franz Kafka*

↑ *Les couleurs chaudes de la Ruelle d'Or*

En réalité, à cette époque, la Ruelle d'Or et ses maisons multicolores ne logent que les gardes de l'étrange souverain, et ce n'est qu'un siècle plus tard que des artisans orfèvres viendront y établir leurs ateliers pour travailler les métaux précieux. Au XIXe siècle, la Ruelle d'Or, peu à peu abandonnée, est devenue un véritable coupe-gorge. Mais bientôt, les artistes praguois, en mal de loyers abordables, prennent possession des lieux. Ces peintres et écrivains, pétris de romantisme, contribueront à relancer le mythe des alchimistes. Au début du XXe siècle, l'ambiance quelque peu « maléfique » de la Ruelle d'Or séduit Franz Kafka qui s'installe avec sa sœur au n° 22.

Contrairement à la tradition populaire qui les situe à tort dans la Ruelle d'Or, les alchimistes de Rodolphe II avaient en fait élu domicile dans la Tour des Poudres, derrière la basilique Saint-Guy. L'empereur, confronté à de graves soucis financiers – en partie dus à de coûteux achats d'œuvres d'art – fondait beaucoup d'espoirs dans le pouvoir des alchimistes à transmuter le plomb en or. Chercheurs de bonne foi ou charlatans, nul ne le sait, toujours est-il que les caisses du souverain se seraient mystérieusement emplies du précieux métal… L'écrivain Perutz, malicieux démystificateur, raconte que cette abondance surnaturelle provenait tout bonnement d'un accord secret passé entre le roi prodigue et Meisl, un riche commerçant juif de Josefov…

Le musée des Alchimistes ↑
↖ *La tour des Poudres*

Au XVIIe siècle, la tour des Poudres, devenue un simple dépôt d'armes, s'illustrera encore en explosant lors de l'occupation suédoise. Aujourd'hui, la tour légendaire, coquettement coiffée d'un toit conique en tuiles rouges, abrite un musée des sciences et des techniques où sont retracés son histoire ainsi que les travaux entrepris pour sa reconstruction.

La Fontaine chantante

Cours et jardins royaux

R omantiques au point de séduire les cœurs les plus arides, les merveilleux jardins du Château de Prague reflètent à leur manière les styles baroque et Renaissance qui habillent la ville.

Ambiance bucolique dans les jardins du Château

Depuis l'aile nord de la seconde cour du Château, on atteint le pont Poudrier qui mène directement dans les jardins royaux, au-delà des fortifications. Cette passerelle enjambe l'ancien fossé aux Cerfs. En regardant cette espèce de douve, aujourd'hui désertée, on a du mal à imaginer la présence d'animaux exotiques, parqués ici pour le plus grand plaisir des rois et des empereurs. Dans cette partie arborée, Rodolphe II avait fait installer une véritable ménagerie avec des fauves importés du monde entier. La légende raconte que l'empereur aimait particulièrement ses lions, pour lesquels il faisait venir les meilleures viandes de Josefov…

↑ *Le Château depuis les jardins*

Aux alentours de l'ancienne fauverie, les allées conduisent le long de parterres agrémentés d'arbres rares, de bosquets romantiques et de statues baroques. Bien qu'on n'y rencontre plus ni les ours ni les panthères de l'original Rodolphe II, ces jardins sont d'une singulière beauté. Grâce aux travaux des paysagistes modernes, ils ont retrouvé une atmosphère digne des XVIe et XVIIe siècles.

Nichés dans cette verdure enchanteresse, deux splendides bâtiments ajoutent leur élégance au charme de ces lieux : le Belvédère et le Jeu de paume. Ce dernier, entièrement restauré, est caractéristique des décors de sgraffites allégoriques très prisés sur les façades de l'époque Renaissance. Quant au Belvédère voisin, c'est l'une des constructions les plus gracieuses de Prague.

↑ *Le Pavillon royal de Plaisance.*
Les sgraffites du Jeu de Paume ↓

↑ *Bas-reliefs Renaissance de l'ancien palais Royal.*
« La Danse » d'Alice Pittaluga →

Le Belvédère, ancien palais Royal d'été, a été construit au XVIe siècle en l'honneur de la reine Anne, épouse de Ferdinand Ier, le premier des Habsbourg. La galerie, en avancée sur le jardin, délicatement soutenue par de fines colonnes doriques, est ornée de reliefs sculptés par Paolo della Stella. On lui doit aussi la conception du toit de cuivre qui évoque une coque de bateau renversée. Cette admirable demeure Renaissance abrite aujourd'hui une belle galerie d'art. Dans le petit parc qui jouxte l'édifice, les romantiques sauront entendre la douce mélodie de la fontaine Chantante, une œuvre admirable de Tomas Jaros, maître des cloches de Saint-Guy.

Hradcany

Les rues de Hradcany
Notre-Dame-de-Lorette
Le couvent Strahov

← *Façade du palais archiépiscopal*

Rue Kanovnika

Les rues de Hradcany

Depuis la bordure des magnifiques jardins royaux jusqu'aux jardins du Sud, s'étend le quartier de Hradcany, un ensemble inégalé de palais et de maisons anciennes, d'églises et de couvents.

Devant l'entrée principale du Château, le palais archiépiscopal, avec sa façade rococo des années 1760, demeure un orgueilleux exemple du pouvoir catholique imposé en Bohême par les Habsbourg. Sur la place Hradanske, le palais Schwarzenberg-Lobkowicz, avec ses remarquables trompe-l'œil en sgrafitte, se distingue quant à lui par son style Renaissance.

↑ *Les palais de la place Hradanske.*
Les sgraffites du palais Schwarzenberg-Lobkowicz ↓

↑ *Détails du palais Cernin.
Saint Michel en façade
du palais Toscan* →

Tout proche, le palais Sternberg, transformé en Galerie nationale, étage sur trois niveaux ses belles collections de peintures. A la fin du XVIIIe siècle, le comte Sternberg rassembla dans son palais baroque des collections dignes de rivaliser avec celles des pinacothèques de Vienne ou de Munich. Sur la place Loretanské, l'immense palais Cernin force l'admiration des visiteurs. Le comte Cernin, passionné d'architecture vénitienne, en confia la construction au XVIIe siècle à Francesco Caratti. Ce bel ensemble de cent cinquante mètres de façade, agrémenté de trente colonnes, avait l'ambition de supplanter en taille et en beauté tous les palais des alentours…

L'entrée de Notre-Dame-de-Lorette

Notre-Dame-de-Lorette

Place Loretanske, deux grands édifices viennent enrichir le quartier de Hradcany avec le couvent de Notre-Dame-de-Lorette, véritable merveille de l'art baroque, et son austère voisin, le couvent des Capucins.

←↑ *Détails du clocher et de la façade de Notre-Dame-de-Lorette*

Voisin immédiat du couvent des Capucins, le couvent de Notre-Dame-de-Lorette, tendrement baptisé « la Loreta », est un sanctuaire baroque de toute beauté. Conçu au XVIIe siècle pour abriter une Santa Casa, il affiche une merveilleuse façade baroque signée par les Dientzenhofer et une décoration de sculptures et de fresques réalisées par les plus grands artistes tchèques du XVIIIe siècle. Au chapitre des « miracles », le succès de Notre-Dame-de-Lorette tient surtout à la copie de la Santa Casa qu'elle renferme. Voulue et financée par Katerina de Lobkowicz en 1626, cette construction rend hommage à la maison où la Vierge Marie reçut l'archange Gabriel en Terre Sainte.

↑ *Dans le sanctuaire de Notre-Dame-de-Lorette. Le cloître* ↓

La légende veut que la Santa Casa originale fut transportée par les anges jusqu'au village italien de Loreto. Sa reconstitution à Prague attira vite des milliers de pèlerins venus de toute l'Europe. Fort de cette popularité soudaine, le pouvoir des Habsbourg et la Contre-Réforme signaient là une importante victoire. En effet, la Bohême protestante des Hussites allait désormais adorer la Vierge…

Dans le couvent de Notre-Dame-de-Lorette, au-delà du clocher baroque animé par un carillon qui comporte plus de vingt-cinq cloches et du merveilleux cloître avec ses fontaines tourmentées, l'église de la Nativité et sa décoration forment un ensemble magistral à ne pas manquer. Fresques, reliques et sanctuaire baroque sont à l'honneur et raviront les amateurs les plus exigeants. Dans un autre style, à quelques pas, le couvent des Capucins brille par sa simplicité. Fondé au XVIIe siècle par un ordre quelque peu austère, il est à l'image de ses moines, à savoir très dépouillé et sans fioriture, dans un quartier résolument baroque. Pourtant, cet autre couvent aurait été le lieu d'un miracle peu commun en sa chapelle Notre-Dame-des-Anges.

La Santa Casa ↑
↖ *Le maître-autel de la Santa Casa.*
L'église du couvent des Capucins ↓

Au couvent des Capucins, la statue de la Vierge à l'Enfant, qui veillait sur les lieux, obsédait l'empereur Rodolphe II par sa grâce et sa beauté. Le monarque voulut la voir trôner dans sa chapelle privée et par trois fois, les moines cédèrent à ses royaux caprices. Mais, comme par magie, la Vierge, sourde aux malices du règne de Rodolphe, revint toujours reprendre sa place initiale…

Sur les toits du couvent de Strahov

Le couvent de Strahov

Aux confins du riche quartier de Hradcany, devant la colline de Petrin, s'élève un autre couvent de légende fondé en 1140 par les chanoines de Prémontré, la célèbre abbaye de Strahov et ses bibliothèques.

Les remaniements, reconstructions et réaménagements du couvent de Strahov marquèrent sa longue histoire et en firent un bâtiment remarquable aujourd'hui par sa taille et l'harmonieuse déclinaison des styles architecturaux qui le composent. A Strahov, le gothique perce parfois sous le riche décor baroque. Entre clochetons et tours, le cloître est un modèle de calme et de volupté.

↑ *Le couvent de Strahov vu de Petrin. Le cloître* ↓

↑ *Les décors XVIII*ᵉ
de la salle philosophique →

Mais la principale richesse du couvent de Strahov est son auguste bibliothèque qui occupe des salles dédiées à la philosophie et à la théologie. Au plafond de la salle philosophique, qui date du XVIIIᵉ siècle, d'émouvantes fresques célèbrent le siècle des Lumières dans un élan mystique signé Maulbertsch. Les murs de cette salle sont habillés des livres qui trouvèrent naturellement leur place dans les merveilleuses bibliothèques baroques récupérées par l'abbé Mayer au couvent de Louka. Ces splendeurs de bois sculpté étaient pourtant vouées à la destruction, avec la sécularisation des couvents de Bohême, à laquelle échappa Strahov grâce à l'entregent de son abbé.

Dans la Salle de théologie plusieurs milliers d'ouvrages rares donnent accès à huit cents ans d'histoire et de pensée religieuse. Au milieu de cette pièce où s'entassent des manuscrits anciens richement enluminés, les globes terrestres du XVIIe siècle font figure de symboles scientifiques, dans une ambiance où la recherche pure se marie au recueillement. Ainsi se livrent les trésors de Strahov.

↑ ↓ *Œuvres de la galerie d'art de Strahov. Détail des plafonds baroques de la Salle de théologie* →

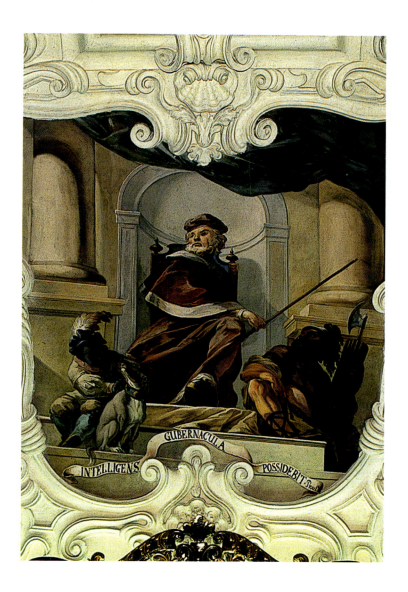

Mala Strana et Petrin

Palais et rues baroques
L'église Saint-Nicolas
Les jardins de Petrin

← *L'église Saint-Nicolas-du-Petit-Côté*

Dans la rue Uvoz

Palais et rues baroques

Depuis la petite rue Nerudova jusqu'au parc de Vojan, le quartier de Mala Strana forme un extraordinaire entrelacs de jardins délicieux, d'églises puissantes et de palais baroques.

La rue Temasska ↑
← *Fenêtre du palais Ledebour*

Le long de la rue Valdstejnska, la concentration de palais au mètre carré est impressionnante. On passe du palais Auersperk aux palais Ledebour-Trauttmansdorff, Palffy, Kolowrat-Cernin et Fürstenberg dans une débauche baroque sans égale. L'énorme palais Wallenstein du XVIIe siècle occupe à lui seul une bonne partie du quartier. Le maître des lieux, Albrecht Wallenstein, héritier d'une fortune considérable et proche de Ferdinand II, deviendra propriétaire d'un quart de la Bohême, après avoir dépouillé les protestants de leurs biens. Fort d'une armée de 20 000 hommes, il finira par indisposer son empereur, qui ordonnera son assassinat…

Le palais Wallenstein ↑
↓ *Eros dans les jardins*

Vestige de la puissance de Wallenstein, le gigantesque palais qu'il fit construire dans le quartier de Mala Strana fut le plus grand jamais élevé à Prague… Ses splendides jardins forment un véritable hymne à l'art baroque, avec grottes, pièces d'eau, sculptures, parterres fleuris et bosquets de verdure parfaitement ordonnés dans une harmonieuse symphonie inspirée de la mythologie.

↑ *Marionnette traditionnelle de Prague.*
← *Place Mala Strana*

Détruit pendant les guerres hussites, dévasté lors du grand incendie de 1541, Mala Strana voit s'élever des édifices Renaissance sur ses ruines gothiques. Puis arrive le dramatique épisode de la Montagne Blanche, au cours duquel les Etats de Bohême sont écrasés par le pouvoir viennois en 1620. Avec l'occupant, et sous l'influence religieuse des Jésuites, le baroque fait son entrée à Prague. Les XVIIe et XVIIIe siècles verront de somptueux palais remplacer peu à peu les demeures Renaissance. Au cœur du quartier, la place de Mala Strana est un bel exemple du mélange baroque-Renaissance qui fait la spécificité de la grande ville de Bohême.

↑ *Nef baroque de l'église Saint-Thomas*

A quelques pas de l'immense palais Wallenstein, l'église Saint-Thomas ne manque pas d'atouts et s'affiche, elle aussi, comme un authentique bijou baroque. Fondée au XIIIe siècle, elle fut tout d'abord gothique avant qu'on ne confie, au début du XVIIIe siècle, sa reconstruction à Dientzenhofer, qui fera de cette église son chef-d'œuvre, tout en gardant intacte la flèche gothique.

Partant de la place Mala Strana, la rue Nerudova Ulice doit son nom à l'un de ses habitants les plus célèbres, Jan Neruda. Ce poète, journaliste à ses heures, immortalisa son cadre de vie dans une chronique intitulée *Récits de Mala Strana*. On découvre dans cette rue des lieux chargés d'histoire, même s'ils ont été par la suite transformés en bars à vins ou en tavernes à la mode.

↑ *Rue Nerudova.*
Dans les cafés de Prague ↓

↑ *La maison aux trois violons, rue Nerudova.*
Façade rue Uvoz →

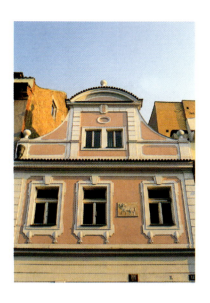

Au n° 33 de la rue Nerudova, le palais Bretfeld résonnait des bals prestigieux qui faisaient, au XVIIIe siècle, la joie du Tout-Prague, et auxquels se mêlaient des invités aussi célèbres que Mozart et son ami Casanova... A quelques pas du lieu de ces anciennes festivités, le n° 34 est placé sous le signe du « Fer à Cheval de Venceslas », alors que le n° 39 cultive plus loin l'image bucolique de « la Betterave Blanche ». Au n° 45, on buvait déjà probablement la fameuse bière Pilsen, si l'on en croit la vieille enseigne montrant un « Lion Noir » tenant une chope entre ses pattes. Plus loin, le n° 49 arbore le sage et virginal emblème du « Cygne blanc ».

Ludwig Van Beethoven ↑
← *L'église Notre-Dame-de-la-Victoire.*
Saint-Jean-Baptiste, place de Malte →

Sous la double protection de l'Enfant Jésus de Prague et des chevaliers de l'ordre de Malte, le sud de Mala Strana témoigne des agitations de son histoire religieuse. Au début du XVIIe siècle, la communauté luthérienne fait construire un temple, consacré à la Sainte-Trinité, qui sera le premier édifice baroque de la ville. En récompense de leur soutien aux catholiques lors de la bataille de la Montagne Blanche en 1620, les Carmélites hériteront du temple qu'elles rebaptiseront Notre-Dame-de-la-Victoire. La possession de l'Enfant Jésus de cire, une statuette réputée pour ses vertus thérapeutiques miraculeuses, en a fait un lieu de pèlerinage réputé.

← *Rue Mostecka*

En traversant la rue Karmelitska, la place de Malte évoque le riche univers des chevaliers de Malte, issus de l'ordre des Hospitaliers de Saint-Jean-de-Jérusalem. Après avoir rencontré les chevaliers au cours d'une expédition en Terre Sainte, Vladislav II ordonne à son retour la construction d'une église fortifiée qui leur sera attribuée. En échange, les chevaliers de Malte commanderont l'entrée du pont Judith, qui occupe approximativement l'emplacement de l'actuel pont Charles. La légende rapporte que le pont était barré par une chaîne en or : l'église, intégrée au système de défenses de l'ouvrage, s'appellera dorénavant Notre-Dame-sous-la-Chaîne…

↑ *Le pont Charles,
côté Mala Strana.
Détail rue Ujezd* ↓

En face de l'église de Notre-Dame-sous-la-Chaîne, « la Licorne d'Or » accueillit en son temps Beethoven, qui appréciait le calme de cette vénérable maison. Vers la place du Grand-Prieuré s'étend l'ancien jardin des chevaliers de Malte, où se retrouvent les fans de John Lennon, un usage datant des années noires de Prague, lorsque le rock était considéré comme subversif…

Saint-Nicolas

Sur la place de Mala Strana, l'église Saint-Nicolas, donnée aux Jésuites après la tragique bataille de la Montagne Blanche, est un vrai chef-d'œuvre de l'art baroque et influence tout le quartier.

↑ Au pied de Saint-Nicolas, le quartier de Mala Strana

Devant l'église baroque de Saint-Nicolas, la colonne élevée en 1715 célèbre la fin d'une épidémie de peste et le palais néo-classique Liechtenstein occupe toute la vue. De ses fenêtres s'échappent parfois quelques accords ou trilles pendant qu'au nord de la place, les palais Smiricky-Montagu et Sternberg, baroques en diable, scrutent le collège des Jésuites qui jouxte la superbe église.

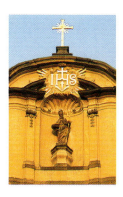

La Sainte Trinité dans la coupole du chœur →

En 1703, les Jésuites confient les travaux de reconstruction de leur église à la famille Dientzenhofer, des architectes qui réalisent ici un chef-d'œuvre baroque. A l'intérieur, les fresques du chœur sont de Franz Xaver Palko quand les murs et la voûte sont merveilleusement décorés par Jan Lukas Kracker. Côté musique, l'église abrite des orgues baroques monumentales sur lesquelles un certain Wolfgang Amadeus Mozart exerça ses talents. Mélomane avertie, Prague s'en souviendra et, à la mort du génial musicien, donnera à Saint-Nicolas un requiem d'anthologie pour honorer sa mémoire, alors que Vienne, sourde, lui réserve la fosse commune…

A Saint-Nicolas, rien n'est trop grand quand il s'agit de représenter les épisodes bibliques. Ici, le théâtre religieux de la Contre-Réforme se joue autour des autels et des chaires... Aussi, les statues grandioses qui encadrent le chœur sont l'œuvre de Franz Ignac Platzer, et la chaire est exécutée par Richard Georg et Peter Prachner. L'assurance de frapper les esprits.

↑ *L'immense nef baroque de Saint-Nicolas*

Une splendide chaire du XVIII →

On l'aura bien compris, dans cette église hors normes, le ciel n'est que séduction pour tous ceux qui aspirent à y entrer. Les nuages roses portent, tels des nacelles célestes, les bienheureux convertis vers le firmament des délices. Les anges annonciateurs sillonnent les nuées comme de grands oiseaux. Les saints, les saintes et les martyres se pâment… Avec Saint-Nicolas, l'âge du baroque a trouvé toute sa plénitude. Dehors, le « show » architectural se prolonge, et les statues du sculpteur Kohl veillent en façade sur la vie de Mala Strana, même si dans la partie basse de la place, le quartier a su garder une touche Renaissance avec l'ancien Hôtel de Ville.

Place Na Kampa

Les jardins de Petrin

Parmi la profusion de lieux de promenades offerts aux habitants de Prague, le parc de Petrin et l'île de Kampa tiennent une bonne place, apportant une note de fraîcheur bucolique à la cité baroque.

Sur la colline de Petrin, là où la forêt primaire fut défrichée dès le XIIe siècle pour aménager des jardins et des vignobles, l'église Saint-Michel-de-Petrin affiche ses origines orthodoxes issues du pays des Carpates. Entièrement construit en bois, ce ravissant édifice apporte une note « d'exotisme » dans la verdure des jardins Kinsky. En poursuivant son chemin vers les sommets de Petrin, on croise bientôt l'église Saint-Laurent, une belle construction baroque du XVIIIe siècle enchâssée dans les restes des fortifications qui protégeaient anciennement Mala Strana d'éventuels agresseurs. Non loin de là, l'amusant palais des Glaces voisine avec le surprenant Belvédère, deux vestiges rescapés de l'Exposition jubilaire de 1891.

Le moulin du Prieuré ↑
↖ *Dans les jardins de Petrin*

Autre lieu d'excursion apprécié, l'île de Kampa fut octroyée aux puissants chevaliers de l'ordre de Malte par Vladislav II. Nichées dans la verdure, quelques agréables maisons accueillirent en leur temps bon nombre d'artistes qui vinrent trouver l'inspiration dans l'île verte. En face, sur la berge, le moulin du Prieuré plonge les pales de sa roue dans la rivière, avec une nonchalance toute slave.

le pont Charles

← *Saints Norbert, Venceslas et Sigismond*

Sur le pont Charles, durant les nuits de pleine lune, des vigies noires aux formes tourmentées projettent leurs ombres sur les eaux de la Vltava... A la lumière du jour, les statues des saints, gardiennes sévères et hiératiques chargées de rappeler la toute-puissance de l'église catholique, ne perdent rien de leur théâtralité. De leur regard inquisiteur, elles poursuivent les passants.

↑ *Aux portes de Mala Strana.*
   Saint Augustin ↓

↑ *Saint Jean-Nepomucène.*
Les ors du pont Charles
vers la Vieille Ville →

Construit par Petr Parler sur ordre de Charles IV au XIVe siècle, le pont Charles fut le seul à franchir la Vltava jusqu'en 1741. Une grande croix le décorait en son milieu. En 1648, on y signa avec l'envahisseur suédois la trêve de la Guerre de Trente Ans. Au crépuscule du siècle, une première statue y est érigée par les Jésuites pour célébrer la victoire écrasante des catholiques contre les réformateurs, partisans de Jan Hus. Suivront une vingtaine d'autres sculptures de saints, réalisées pour la plupart par Matyas Braun et Ferdinand Brokof. Nous sommes au XVIIIe siècle, le baroque a déferlé sur Prague et le pont Charles n'échappe pas à cette vague.

*↑ Saints Cyrille et Méthode.
Le pont Charles entre
ombre et lumière ↓*

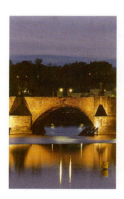

Coté Mala Strana, les deux tours du pont Judith et du pont du Petit-Coté inaugurent l'entrée du plus célèbre ouvrage d'art de Prague. De la rive gauche à la rive droite, les saints égrènent toute l'histoire de la Bohême. Devant un saint Venceslas redoutable, Saint Guy, grand martyr du IIIe siècle, contemple sereinement les lions qui refusèrent de le dévorer, et la scène est poignante de vérité.

*L'immense crucifix
du pont Charles* →

Deux pas plus loin, saint Aldabert, évêque de Prague, lève deux doigts en signe de bénédiction. La belle sainte Luitgarde touche les plaies du Christ et retrouve la vue, au seuil de l'escalier qui descend dans l'île de Kampa. Saint Nicolas, saint Augustin, saint Procope, saint Jude, saint François d'Assise, saint Antoine de Padoue et sainte Ludmila vous emmènent jusqu'au milieu de la Vltava… Sur le coté droit, un immense crucifix du XVIIe siècle domine l'ensemble des statues. Parvenu à l'autre extrémité du pont, la Tour du pont de la Vieille Ville, ouvrage gothique de Petr Parler, ouvre sur les quartiers de la rive gauche.

la Vieille Ville

Place de la Vieille Ville
Notre-Dame-de-Tyn
La tour Poudrière
et la Voie Royale

← *L'horloge astronomique*

Sur la place de la Vieille Ville

Place de la Vieille Ville

Dans le quartier de Stare Mesto, entre les vieilles rues et les passages séculaires, l'horloge astronomique de la place de l'Hôtel de Ville ponctue les rythmes d'un quartier gothique.

La statue de Jan Hus ↑
← *La tour de l'Hôtel de Ville*

Dans le décor merveilleux de la place de la Vieille Ville, à Stare Mesto, on songe au poète Rainer Maria Rilke évoquant « *Prague, ce riche, ce gigantesque poème épique de l'architecture* ». Côté soleil couchant, la rue Karlova, ancienne Voie Royale, se faufile vers le pont Charles. Au nord, une large rue commerçante délimite l'alignement de bâtiments de facture plus récente, mêlant le néo-Renaissance à l'Art Nouveau. La rue Zelezna, à l'angle méridional de la place, ouvre la voie vers l'ancienne université du Carolinum. Côté soleil levant, la rue Celetna s'incurve, gracieuse et colorée, en direction de la sombre tour Poudrière et de la Maison Municipale.

↑ *Les armoiries de la Vieille Ville en détail sur la façade de l'Hôtel de Ville*

L'esprit éclairé du grand prédicateur Jan Hus, précurseur du nationalisme tchèque, plane toujours sur la place Stare Mesto. Erigée en 1915, sa statue y célèbre le 500ᵉ anniversaire de son sacrifice. Le réformateur fut en effet brûlé vif, pour cause d'hérésie, sur le bûcher de Constance. Aussi, le monument commémore-t-il les luttes des Hussites, l'exil des protestants et le réveil national.

Edifiée au XVIII\ᵉ siècle, l'église Saint-Nicolas dresse sur la place de la Vieille Ville ses blanches façades et ses vertes coupoles. Chapeautée d'un immense dôme décoré de fresques signées Kosmas Damian Asam, l'église Saint-Nicolas est ornée de statues réalisées par Anton Braun. Après sa restauration, Saint-Nicolas sera confiée à l'Eglise hussite, à laquelle elle appartient toujours.

↑ *Notre-Dame-de-Tyn depuis la place de Stare Mesto.*
Vitrail de l'église Saint-Nicolas ↓

↑ *Détails de l'église Saint-Jacques* →

A l'Ouest de la place, l'église Saint-Jacques apporte un contrepoint baroque au style gothique plus austère de sa voisine, l'église Notre-Dame-de-Tyn. L'église Saint-Jacques était d'ailleurs à l'origine un sanctuaire gothique, avant d'être restaurée sous sa forme actuelle à la suite de l'incendie qui la dévasta en 1689. La longue nef intérieure, dotée d'un orgue monumental, est réputée pour son acoustique exceptionnelle. A l'entrée, un avant-bras momifié serait, selon une légende quelque peu morbide, celui d'un voleur qui tenta de dérober les bijoux du maître-autel. Le bras, miraculeusement immobilisé, aurait été amputé afin de faire lâcher prise au larron…

Plus loin sur la place, le palais Goltz-Kinsky attire lui aussi l'attention du promeneur. Grands porches encadrés de doubles colonnes corinthiennes, balcons courant à l'étage noble, fenêtres ornementées en stuc rouge, frontons triangulaires et sculptures alignées sous les toits parachèvent cette œuvre rococo, bâtie entre 1755 et 1765 et attribuée à Kilian Ignac Dientzenhofer. La demeure sera achetée quelques années plus tard par Stepan Kinsky, un diplomate impérial. Aux visiteurs qui s'extasient en admirant la riche décoration de cette façade, les vieux Praguois ne manquent pas de rappeler que la victoire du parti communiste fut proclamée, en 1948, du haut de ces balcons. Ce palais abrite aujourd'hui un musée qui expose les collections de la Galerie nationale.

↑ *La maison Storch et la maison « à la table de pierre ».*
↖ *Les armoiries du palais Gollz-Kinsky.*
Façade Art Nouveau du ministère du Commerce ↓

La maison « Storch », au sud-est de la place, se distingue par sa façade fièrement enluminée d'un portrait de saint Venceslas à cheval. A deux pas, la maison « A la table de pierre » trouve ses origines au XIVe siècle, même si sa façade évolua par la suite vers un style baroque difficilement contournable à Prague. L'édifice mitoyen possède quant à lui de belles fondations d'époque romane.

↑ *Les apôtres de l'horloge astronomique.*
← *Dans le hall de l'Hôtel de Ville.*
L'ensemble médiéval de l'Hôtel de Ville →

A l'entrée de la maison « A la cloche de pierre », dont on peut voir l'enseigne en relief dans le renfoncement d'un vestige médiéval, une plaque rappelle que Franz Kafka habita ces lieux quelque temps. Dans le jour finissant, et si le ciel est bien dégagé, les plus courageux des visiteurs ne manqueront pas de grimper à l'assaut de la tour de l'Hôtel de Ville, un ensemble architectural constitué en fait par l'adjonction de différents bâtiments acquis par la municipalité entre 1338 et 1886. L'impressionnant panorama, qui s'étend loin sur la Bohême, vaut les efforts consentis pour monter au sommet de la tour qui s'élève à 69 mètres au-dessus du sol.

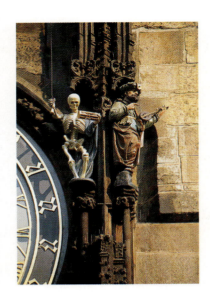

La Mort et le Turc de l'horloge

Les passants moins sportifs préféreront certainement attendre sur la place que l'horloge astronomique de l'Hôtel de Ville (XVe - XVIe siècles) commande le déclenchement de ses délicats automates. A l'heure pile, les badauds s'émerveillent du moment magique où, sortant de leur niche, la Mort agite sa clochette, le Turc hoche la tête et les Apôtres apparaissent sous la houlette de saint Pierre. Enfin, un coq ponctue l'événement en chantant, et l'heure sonne tandis que s'agite la statuette d'un prince turc. Le spectacle se déroule 24 fois par jour, dans un décompte médiéval, dit « de Bohême », qui marque sa première heure au lever du soleil.

↑ *Les automates voisinent avec les signes du zodiaque* ↓

Vers midi, la révolution des signes astrologiques et planétaires est particulièrement impressionnante. A la tombée de la nuit, on méditera sur la perfection horlogère qui égrène les heures de Prague depuis plus de cinq siècles. La légende raconte que l'on creva les yeux de l'artisan qui donna vie au merveilleux mécanisme afin qu'il ne puisse jamais reproduire une pareille splendeur !

La Vierge d'or de Notre-Dame-de-Týn

Notre-Dame-de-Tyn

Avec ses tours et ses flèches très effilées, Notre-Dame-de-Tyn joue une partition gothique parfaite dans le concert architectural du quartier de Stare Mesto, la Vieille Ville de Prague…

Au XVe siècle, Notre-Dame-de-Tyn devient la principale église hussite de Prague. En forme de symbole, elle arbore alors sur sa façade un calice d'or, offert par le roi Georges de Pomebrady. Avec la défaite des réformateurs en 1621, le calice sera fondu et son précieux métal employé à forger l'actuelle statue de la Vierge, laquelle proclame désormais le nouvel ordre catholique à Notre-Dame-de-Tyn.

↑ *Les flèches effilées de Notre-Dame-de-Tyn. Chaire gothique dans un environnement baroque* ↗

Deux bâtiments défendent l'entrée de l'église, formant un ensemble de galeries voûtées romanes et gothiques. Au XVe siècle, ces admirables proportions rivalisaient avec celles de la cathédrale Saint-Guy. Notre-Dame-de-Tyn connut alors son seul et unique archevêque hussite, Jan Rokycana. Au début du XVIIe siècle, le pouvoir jésuitique de la Contre-Réforme entre en lice, et l'art baroque envahit les murs, les colonnes, les autels, avec moult débordements de drapés et d'angelots. Désormais, ne subsistent dans l'église que quelques témoignages isolés de l'art gothique, assimilé en Bohême à l'art des protestants « hérétiques ». Une Passion du Christ de 1390 et des fonts baptismaux de 1414 font ainsi de la résistance dans une profusion d'ors et de stucs.

La tour Poudrière

La tour Poudrière et la Voie Royale

Depuis la tour dite de la Poudrière jusqu'au Pont Charles, la Voie Royale, formée par les rues Celetna et Karlova, réservée aux cérémonies princières, vit passer les plus élégants équipages de Prague.

↑ *La maison «aux deux ours d'or»*
← *La maison de la vierge noire, rue Celetna*

Connue sous le nom de Prasna Brana, la tour Poudrière se dresse sur le site de l'une des treize portes qui ponctuaient les fortifications de la cité médiévale. Bâtie à la fin du XVe siècle, la puissante tour de Staré Mesto avait pour mission première d'agrémenter le palais royal du roi Vladislav II. A partir du XVIIe siècle, elle devient un dépôt d'armes et de poudre... Elle menacera de s'écrouler sous l'assaut des Prussiens, mais sera remise en état vers 1876. Au-dessus de son porche monumental, blasons, hauts-reliefs, arcatures et lanterneaux agrémentent les sombres façades jusqu'au toit à pans coupés, dans le plus pur des styles gothiques de la Bohême.

↑ *La rue Havelska.*
Le Carolinum ↓

Pour l'heure, il est temps de faire une incursion dans la rue Celetna. Agréablement piétonnière, cette voie animée fourmille de monde dès les premiers beaux jours. Au coin de la rue Ovocny, le Carolinum, qui sera reconstruit dans le style gothique en 1945, n'est plus que l'ombre de la grande université fondée au XIVe siècle par Charles IV. C'est dire toute l'importance qu'elle avait.

↑ *La façade de la maison U Rott*

Sur la petite place Male Namesti, une halte s'impose pour contempler les peintures qui couvrent la façade de la maison U Rott. Avant de s'engager dans la rue Karlova, on fera un détour dans les ruelles attenantes, notamment vers la rue Husova, où le palais Clam-Gallas s'enorgueillit de somptueux portails encadrés par des statues de géants signées Matyas Braun.

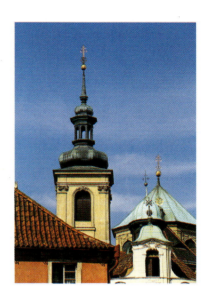

↑ *Enseigne de la maison « Au serpent d'or ».*
La rue Karlova →

De détour en détour, on retrouvera avec plaisir la rue Karlova, avec ses boutiques et ses échoppes, ses hôtels, ses restaurants et ses théâtres qui se serrent tout au long de cette voie pavée, aussi étroite que ses trottoirs. Au n° 24, la princesse Libuse et ses faucons contemplent l'éternité. Au n° 18, un serpent d'or orne la façade du plus vieux café de la cité. Au n° 3, saint Roc et saint Sébastien étendent leur protection depuis la maison « Au puits d'or ». Avant d'arriver place des Croisés, un vaste bâtiment se déploie autour des tours de l'observatoire. C'est le Clementinum, un collège jésuite qui fut en exercice pendant plus d'un siècle, jusqu'en 1773.

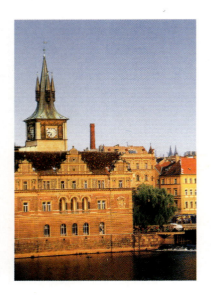

↑ *Statue de Charles IV, place des croisés*
← *Le musée Smetana*

L'église Saint-Sauveur-du-Clementinum, édifiée en 1601, ornée de statues de saints en façade, acquiert une singulière grandeur sous l'éclairage savant dont les Praguois ont le secret. La nuit tombée, toute cette partie de la cité joue avec l'ombre et la lumière et entraîne irrésistiblement le promeneur vers le pont de pierre dressé sur la Vltava. Là, au pied de la statue de Charles IV, ou de l'autre côté de la tour de Petr Parler, sur la terrasse du musée Smetana, on demeure sans voix, fasciné par les traits d'écume qui blanchissent les eaux noires de la rivière, en admiration devant les abîmes sombres et les pleins de lumière des arches du pont.

Détail du Clementinum

Josefov

← *L'arche de la synagogue Vieille-Nouvelle où est conservée la Thora.*

Josefov fait partie de ces lieux où Histoire et histoires sont étroitement liées. A peine immergé dans ce quartier, on s'attend à voir surgir à chaque instant, au détour d'une sombre ruelle, le fantôme du marchand Mordechai Mesl cher à l'écrivain Leo Perutz, ou la figure énigmatique de Rabbi Löw suivi de sa créature, le Golem, un monstre fou qui hante l'œuvre de Gustav Meyrinck.

↑ *La rue de Paris. Détail de la synagogue Vieille-Nouvelle* ↓.

L'Hôtel de ville juif →

Epargnée par les incendies qui ravagèrent Prague, la synagogue Vieille-Nouvelle bénéficie, dit-on, de la protection des anges qui apportèrent ici les pierres du Temple de Jérusalem. En fait, elle fut construite au XIIIe siècle par des architectes français. Son portail sud, surmonté de grappes de vigne, s'ouvre sur une salle ponctuée de colonnes octogonales. Près de l'Arche d'Alliance, le fauteuil de Rabbi Löw accueille depuis le XVIe siècle tous les grands rabbins de Prague. A deux pas de la synagogue, l'Hôtel de Ville remonte le temps… si l'on en croit l'horloge de son clocher, qui donne l'heure de droite à gauche, dans le sens de l'écriture hébraïque.

A l'extrêmité du quartier Josefov, le couvent chrétien d'Agnès-la-Bienheureuse occupe l'un des plus beaux bâtiments gothiques de la ville. C'est ici que la sœur de Venceslas Ier décida de fonder un lieu de prière propice à la contemplation. Le couvent, désaffecté en 1782, reprend vie dans les années soixante, en devenant un important musée dédié à la peinture tchèque du XIXe siècle.

↑ *Façade du couvent Saint-Agnès-la-Bienheureuse. La Statue de sainte Agnès* ↓

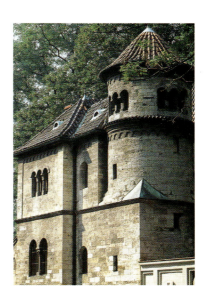

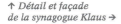
↑ *Détail et façade
de la synagogue Klaus* →

Près du cimetière de Josefov, la salle de cérémonie d'une ancienne confrérie charitable, mitoyenne de la synagogue Klaus, expose des dessins qui rappellent les heures douloureuses du nazisme. Sous la botte de Heydrich, le « bourreau de Prague », les Juifs de Josefov furent déportés dans le camp de concentration du château de Terezin. Comble de l'horreur, les nazis furent ici à l'origine de la conservation des objets du culte – mains de lecture de la Thora, riches parchemins, couronnes d'or … Dans leur folie barbare, ils avaient envisagé de transformer le ghetto de Prague en musée témoignant des traditions du peuple qu'ils voulaient exterminer.

Au cœur de Josefov, le cimetière juif est un lieu chargé d'une émotion indicible… Les stèles des tombes superposées par dizaine de milliers, dressées en tout sens, paraissent bouleversées par des tremblements de terre. La pierre tombale de Rabbi Löw, couverte de petits papiers à la façon du mur des Lamentations à Jérusalem, est certainement la plus visitée. Rabbi Löw, figure mythique de l'histoire praguoise, possédait, paraît-il, un savoir occulte qui lui aurait ouvert l'accès à certains pouvoirs… C'est ainsi que ce grand érudit aurait créé le Golem, une créature fantastique qui, échappant au contrôle de son maître, se transformera en monstre destructeur, une veille de Sabbat. La créature immortelle hanterait toujours les ruelles obscures du quartier Josefov.

La façade du Rudolfinum ↑
↖ *Le vieux cimetière juif.*
Façade et jardin de la synagogue Pinkas, une des plus anciennes de Prague ↓

Non loin du cimetière, le mémorial de la synagogue Pinkas immortalise les noms des 77 300 Juifs de Josefov qui furent déportés dans les camps de concentration. Plus loin, à la périphérie de Josefov, le Rudolfinum, un édifice de style néo-Renaissance, riche d'une superbe balustrade ornée par des statues de compositeurs, sera à deux reprises le siège du Parlement des Tchèques.

$\mathcal{N}^{la}_{\text{ouvelle ville}}$

Place Venceslas
Place Charles

← *La façade Art Nouveau de l'hôtel Europa*

La statue équestre de Saint-Venceslas, devant le musée national

Place Venceslas

Nove Mesto est le quartier de Prague qui, du Moyen Age jusqu'aux temps modernes, témoigne le mieux de tous les styles d'architecture qui ont marqué la ville de leur empreinte.

← ↑ *Détail et façade de la maison Wiehl*

Au printemps 1347, Charles IV s'exclama : « Nous voulons et commandons la construction d'une Nouvelle Ville… ». Un an plus tard, du marché des chevaux – actuelle place Venceslas – au marché des bestiaux – actuelle place Charles –, le rêve de Charles IV prend corps et la Nouvelle Ville hisse Prague au premier rang des villes d'un empire qui s'étend de la mer du Nord aux rives du Bosphore. Mais bientôt, la Vienne des Habsbourg étend son hégémonie sur toute l'Europe centrale, et Prague sombre dans l'oubli. Le réveil national tchèque au XIXe siècle la transformera une seconde fois, en faisant l'un des fleurons de l'Art Nouveau en Europe.

↑ *Détail et façade
de l'immeuble Supich* ↓

A l'angle de la place Venceslas, la maison Wiehl se distingue par sa façade ornée de superbes fresques qui illustrent les légendes du pays. Au numéro 38 de la place, l'immeuble Supich, une ancienne banque morave du début du siècle, est l'une des réalisations majeures de Matej Blecha. Mikulas Ales est quant à lui à l'origine d'une partie de sa décoration Art Nouveau.

Monument phare de la place Venceslas, l'extraordinaire hôtel Europa est peut-être l'édifice qui incarne le meilleur de l'Art Nouveau à Prague. On y retrouve tous les éléments caractéristiques de cette expression architecturale : balcons ouvragés, façade couronnée de nymphes dorées, décorations intérieures mariant mosaïques, lustres et miroirs dans une profusion fastueuse…

↓ *Les intérieurs Art Nouveau de l'hôtel Europa*

↑ *Le mémorial officiel de la « Révolution de velours ».*
La place Venceslas →

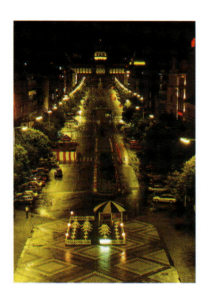

La place Venceslas, voie impériale longue de 750 mètres, bordée d'arbres et de contre-allées ouvrant sur une double haie d'hôtels, est devenue au cours des ans le centre vital de Prague. A l'extrémité sud-est, saint Venceslas, protecteur de la ville, contemple l'étendue de cette place aux allures de boulevard, du haut de sa statue équestre. Là on flâne devant les façades des immeubles Art Nouveau qui cachent souvent de brillantes galeries commerçantes. Les admirateurs de Franz Kafka iront se recueillir devant le magnifique immeuble des Assicurazioni Generali, où l'auteur travailla de 1906 à 1907 pour arrondir des fins de mois difficiles.

Derrière la fière statue de Venceslas, le Musée national, à l'architecture très théâtrale, vient fermer la place. Le bâtiment, érigé par Josef Schulz dans l'esprit du triomphalisme tchèque des années 1880-1890, présente une remarquable structure intérieure, ordonnée autour d'escaliers monumentaux dont la quadruple volée de marches converge vers un palier central. Impressionnant ! Le Musée national abrite aussi en son centre le Panthéon des personnalités qui marquèrent de leur destin l'histoire du pays. Une bonne occasion de découvrir des héros oubliés. Le musée présente aussi de merveilleuses collections des sciences de la terre, qui traitent d'anthropologie, de minéralogie, d'archéologie, et plus généralement d'histoire naturelle.

↑ *Architecture Art Nouveau à la gare centrale*
↖ *Le panthéon de Prague.*
L'escalier du musée national ↓

En remontant vers la Gare centrale, dont on pourra admirer l'architecture Art Nouveau de la meilleure facture, une halte s'impose à l'Opéra national, appelé aussi Nouveau Théâtre allemand. Cette immense salle de spectacle, considérée comme un temple de l'art lyrique, acquit ses lettres de noblesse sous la baguette de grands musiciens tels Gustav Malher ou Richard Strauss.

Détail de l'église Saint-Ignace

Place Charles

Malgré un parc central qui lui donne de faux airs de campus universitaire et l'ambiance studieuse des bâtiments qui l'entourent, la place Charles de Nove Mesto a su rester baroque.

Aux alentours de la place Charles, l'hôtel de ville de la Nouvelle Ville, dont le hall d'entrée date du XIVe siècle, fut témoin d'un sanglant épisode au cours duquel des partisans hussites défenestrèrent des conseillers catholiques. A l'est de la place, la villa Michna, bel édifice baroque qui accueille le musée Dvorak, expose le piano, l'alto et le bureau du célèbre compositeur.

↑ *L'hôtel de ville de Nove Mesto.*
Le musée Dvorak ↓

↑ *Dans les jardins de la place Charles.*
Les intérieurs de Saint-Ignace →

Au long de la place Charles, le riche sanctuaire de Saint-Ignace, dédié au fondateur de l'Ordre des Jésuites, et le collège Jésuite, respectivement des XVIIe et XVIIIe siècles, furent bâtis dans l'intention évidente d'éblouir et de ramener dans le droit chemin les Praguois qui se seraient laissé tenter par les théories hérétiques de Jean Hus. Au couvent Na Slovanech, surnommé aussi le monastère d'Emmaüs, la légende raconte que le diable se fit cuisinier pour corrompre les moines. Démasqué par l'abbé, le malfaisant se transforma, paraît-il, aussitôt en coq. On raconte aussi que le diabolique volatile n'eut que le temps de s'envoler avant qu'on ne l'embroche…

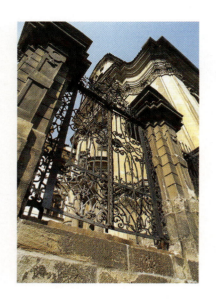

← ↑*L'église Saints-Cyrille-
et-Méthode*

A la hauteur de la rue Resslova, l'une des plus anciennes universités techniques modernes (fondée en 1867) occupe un superbe bâtiment néo-Renaissance. Plus avant dans cette rue, l'église baroque Saints-Cyrille-et-Méthode doit sa célébrité à un funeste épisode de l'occupation nazie. Après avoir perpétré leur attentat contre le SS Reinhard Heydrich, les résistants tchèques, venus d'Angleterre, s'étaient dissimulés dans la crypte de l'église en attendant de pouvoir retourner à Londres. Bientôt découverts et cernés par les nazis, les résistants choisiront de se donner la mort dans cette église plutôt que de tomber vivants aux mains de leurs bourreaux…

Quai Masaryk ↑
↓ *Le Théâtre national*

En poursuivant son chemin par la rue Resslova, on finit par rejoindre les rives de la Vltava, empreintes d'une douceur exquise. Dans la lumière du soir, le quai Masaryk qui mène au Théâtre national offre des vues magiques. Prague, secrète et romantique, s'y dévoile sous ses plus beaux atours. Dès lors, on sait qu'on pourra peut-être la quitter, mais jamais l'oublier…

Châteaux de Bohême

← *Le cimetière de Vysehrad*

Autour de Prague, la Bohême, avec ses châteaux et légendes, livre tous ses secrets. A la lisière de la ville, le site de Vysehrad serait, selon la légende de la princesse Libuse, le lieu fondateur de la cité. Ici se dressait la première forteresse premyslide et le cimetière d'aujourd'hui abrite les tombes de Mucha, Myslbeck et Dvorak. Sur l'autre rive de la Vltava, la visite de la villa Bertramka s'impose aux admirateurs de Mozart. Il y écrivit l'ouverture de son Don Giovanni. A une vingtaine de kilomètres, un premier château de Bohême, Karlstejn, dresse ses tours et son donjons. Le puissant souverain Charles IV désirait une forteresse imprenable près de Prague pour y abriter le trésor du royaume ainsi que sa collection personnelle de reliques.

↑ *La station thermale de Marienbad*
↖ *Le château de Konopiste.*
Le château de Karlstejn ↓

Plus loin, à l'ouest de la Bohême, les romantiques apprécieront l'ambiance délicieusement surannée des grandes stations thermales comme Marienbad. Au sud de Prague, il pourront aussi se rendre à Konopiste, un château fort du XIVe siècle remanié par l'archiduc François-Ferdinand qui stockait là ses œuvres d'art et un fabuleux bestiaire de milliers de trophées de chasse.

Texte :
Les Editions Pascale Loiseau

Photographies :
LEPL / Gil Giuglio

ISBN 2-911141-70-9
Dépôt légal : octobre 1996
Imprimé en France

© Les Editions Pascale Loiseau 1996 - Voyages en Poche ® ™